JN409451

꿈꾸는 낮달

꿈꾸는 낮달

노진세 시집

신아출판사

◆ 시인의 말

우수雨水도 지났다.
봄이 가까이에서 기지개를 켜고 있다.

한 해가 지나갈 때마다
삶의 질을 향상시켜야겠다고
스스로 다짐을 해왔다. 그 일환으로 우선
문학에 대한 감성을 키우고자
시창작과 시낭송을 공부해 오고 있다.

일상생활에서 만나는 순간들이 모이고 쌓여
한 편 한 편의 작품이 탄생하였다.

시적 사유思惟의 과정에서 새로운 나를 발견하였으며
절망의 벽을 넘어 희망의 메시지를 건네는 글을 쓰고 싶었다.

같은 시詩라도 독자마다 해석을 달리하여 느끼는 맛도
문학의 멋이다.
언제나 푸르른 봄날 같은 꿈이 활짝 피어나기를 빈다.

2013. 2.
노진세

◆ 차례

낮달 1

하늘과 논 사이에
울타리는 없다
반쯤 채워진 은쟁반 대낮에
무논 속에 잠긴다
별들이 하늘을 수놓을 때까지
물속 깊다

물속 달 하늘을 보고
하늘 달 물속을 본다
별들은 빛을 감추었으니
혼자 빛을 키워야 한다

보름날 기다리며
은빛 꿈을 꾸는 반달
차고도 붉은 태양을 향하여
선을 긋는다

촛불처럼 별들이 총총할 때면

별빛에 취하여
푸르게 흔들리는
소나무 가지에
우주를 품은
한 마리 백학으로 맺힌다

낮달 2

오후 나절
하늘가에
에스키모인이 산다는
이글루
하나 흘러간다
저보다 먼저 가라앉을
지는 해를 뒤따르며
달궈놓고 간
길을 식힌다

얼음집에서는
은단 빛
반달 노래가 흘러나오고
내 마음 따뜻했던
일곱 살 무렵이
하늘가에
게딱지처럼 달라붙는다

가난한 날개

"많이 힘드시죠?
돈 쓸데는 많은데 돈은 없고,
물가는 오르는데 월급은 제자리,
사업을 해볼까 해도 여유자금이 있어야 말이죠.
어디 손 벌릴 데도 없고 은행권 대출은 신용이……
걱정은 그만하시고 전화주세요.
01x-xxxx-xxxx"

가난을 구해 주겠다는 천사 같은 말이다
가난을 건져 주는 척,
파도 높은 바다에
구조선을 띄웠다
전단지 위쪽에 보일 듯 말 듯
작은 글씨로
'이자율 연 39%'
1년 동안 100만 원 빌리는 데
이자만 39만 원!

징검다리가 간절한데
징검돌을 빼내어버릴 작정이었나
징검다리를 건너
어서 날개를 달아요
돈이 없어도 날 수 있는
날개를,

* “　”안의 내용은 전단지 내용의 일부임

가을 들판에서

지금 들판에선
풍요로운 책장을 넘기고 있다
한 장 한 장 넘기면
허수아비도 참새들도
저 들판을 노래 부른다

겨울이 오기 전
들판 어디나
넉넉하다

온몸으로 가을을 지켰던,
가진 것 없이 부자였던
허수아비처럼
나의 가을도
단풍들지언정
따뜻한 겨울을 준비할 수 있을까

가을 이정표

선풍기가 돌아가면
흘러가는 구름 위를 거닐던
꿈을 꾸었다
스위치를 끄고 몸통을 만져보니
시원한 바람만큼이나
열기를 품고 있었다
불평 한 마디 없이
자신은 돌볼 줄 모르는
사람 속의 섬!
외로웠을 바보

여름이라는 생각을 내려놓고
맵고 찬 바람 이는
겨울 속에 나를 데리고 갔다
시원했다
아니 추웠다
더위와 추위 사이에 만들어 놓은 벽은 무너졌다

이옥고

가을은 내 주위를 서성거렸다

갈대 1

갈대는
여린 바람에도
소리 없이 흐느낀다

거센 바람에도
곧은 줄기는
언제나 그대로다
손에 손을 잡고
어깨를 맞대며
바람 부는 대로
몸을 맡긴다

갈대의 언저리를 파고들며
흘러갔을 세찬 바람
바람이 불 때면 뿌리는
흙과 자갈을 온 힘으로
쥐어 잡았을 것이다

비바람을 맞아보지 않고
갈대를 알 수나 있을까

갈대 2

통곡이
슬플 때만 우는
울음은 아니다

갈대는
희미한 달빛에
저만치
그리워서 그립다고
밤새 속울음으로 자란다

그리운 날
그리움은
갈대 옆에서 자란다

감 씨

감나무에 노을이 열렸다
푸르고 떫은 시절을 내려놓으려
봄부터 가을까지
침묵으로 버텨왔을
감

한 점 서리를 만나
홍시가 되었다
물렁한 과육 속에
내로라하는 고갱이가
삭아도 썩지 않을
서로 부대껴도 좋을 거리를 두고
오순도순 박혀 있다

단맛만을 파고들 때면
매운 실탄으로 장전되어
내 심장을 겨누었을 것이다

거미와 잠자리

긴호랑거미가 지은
공중의 집
정교하게 뽑아낸 실오리마다
사기 빛을 뿜어낸다
이미 거미줄에 잠자리
한 마리가 포박되어 있다

잠자리의 자유와 생명은 거미가 쥐고 있다
거미줄을 살짝 비켜난 나뭇가지에서
고추잠자리 한 마리
푸른 햇빛을 받으며
주변을 살피고 있다
걸리기만 하는 날이면
거미의 한 끼닛거리다

바람도 구름도 가야 할 길
가로막은 적 없는데
엉큼한 거미줄에 걸리지 마라

날개를 펴라

잠자리야
창공을 노저어라
소나기가 내리거든
나뭇잎 밑에 몸을 숨겨라
비 그치거든
날개를 말려라

나는
노래하며 춤을 추고도
거미줄에 걸리지 않았다

겨울비

겨울 빗방울은
미로를 벗어나려는
당신에게
찬바람 맞지 말라는,
따뜻이 몸 녹이라는,
하늘의 뜻을 이루고자
눈이 되지 않은 것이다

겨울의 봄

햇빛 속에서도
살을 에는 바람은
화살이 되어
시린 가슴을 뚫고 지나갔다

가난이 대물림되었을,
이마에 주름 깊은 할머니
골목 어귀 땅바닥에
배추포기며 시금치 등을 펴놓고
지나는 사람 눈동자만
애타게 바라보고 있다

구석진 추위 속
떨림 없는 눈빛에서
봄을 향하여 시위를 떠난
화살 같은 의지를
읽었다

결석結石이 외출했다

어둠 속에서 빛나는
별무더기들이 몸에서 기어 나왔다

나에게 환부가 있었다 가끔
요로尿路를 훑고 지나던 결석은
핏속에 성난 별빛을 뿌렸다
나를 흔들어댔던 돌멩이
더 이상 머무를 수 없게 되자
달콤한 이별을 해야 했다

겨우 견딜 만한 아픔이 사라졌다
내 안의 거짓이 사라져가는 순간이었다
걸어왔던 길 위에서
어느 순간
전율 뒤의 환희는 잠깐이었다

길 위에서

길이 아닌 길도 있다
길이라고 다 길은 아니다
길 아닌 길을 더듬다 찻길에서
호흡을 내려놓은 고양이
넋은 나비되어 날아오르고
심장의 터진 흔적만이
길 아닌 길을 물들인다

강물도 길이 아니면
낮은 곳으로 길을 내는데
가야 할 길 가지 말 길
찾기 위해서
하늘소처럼 더듬이를 달아야 했다

더듬이로 내비게이션이 있었다면
걷다가
헤매던 먼 길
되돌아가지 않았으리

더듬거리며
길 아닌 길에서
길 잃지 않았으리

꿈을 피우다

어릴 적 꿈은
바람이 거셀수록 높아만 갔다
얼레에서 실을
풀어 주는 만큼
꿈을 실은 연이 되어
세찬 바람을 뚫고
허공으로 허공으로

오랜만에
깊은 잠에서 깨어나니
우화를 마친 몸뚱이에
실도 날개도 없다
가볍다
샛별이 희미해질 때까지
어둠을 헤치고
진흙 아래로 아래로
곧은 뿌리 내려
한 송이

뼈마디 굵은
연꽃을 피워내리라

꽃 속의 목탁소리에
진흙이 쩍, 갈라진다
향기에 취하여
하늘도 사뿐히
땅에 발을 딛는다

나는 외계인이다

나는 외계인이다
지구의 기울기 23.5도에 적응 못 하는

전기난로를 기울여봤더니 작동을 멈추었다
기울기의 상태로 적응돼 있었던 것이다
승용차 운전사가 도로에 담배꽁초를 버리고
신호를 위반하며 자랑스레 질주하는 것을 보고
(외계인 자격으로)
속으로만 크게 욕설을 퍼부었다

지구별에 사는 동안
기울어진 동작을 만나더라도
숨 한 번 크게 쉬고
눈을 감자고 다짐하였다
지구에 발 딛고 사는 동안
온몸을 옆으로
기울일 줄도 알아야
지구인이 될 수 있었다

나는 어차피 우주로 돌아가야 할 외계인이다

나를 벼리는 시간들

눈앞에서 움직이던 시간들이
방바닥에 누워 있다
시계는 시간을 산소처럼 소비하는데,

내 곁에는 무심으로
스쳐가는 시간뿐, 이 밤
곤히 잠들라고 담요를 덮어주었다
날이 새자 잠에서 깨어난 시간이
강물처럼 순하고도 무섭게 달아난다

대장간에서 지나간
시간의 매듭을 풀면서
나를 벼린다
풀어헤쳐
벼리고 벼리다 보면
어느 날 이슬처럼 잊혀도 지겠지

웃음과 눈물도
뿌리는 하나였다

나를 찾아 나서다

바람 부는 날 바다는
파도가 높았어

한 잔 술로
나를 달래는데
화선지에 덜 갈린 먹물 번지듯
몸에 날개가 생겨
뭉게구름 높이까지 날아올랐다
사방팔방 날아다니다가
날개를 접을 때쯤
더듬이로 더듬더듬
나를 찾아 나섰으나
어느 길거리를 방황하고 있는지
끝내 찾지 못하다가
꿈속을 벗어나니
주변이 참 고요하구나!

변한 것도 변할 것도 없는

나는 산이 되어 있었다
해가 지고 달이 져도
그냥 그대로 두어라
산은 산이로다

나목裸木

맨땅 위로 솟아
봄을 낚을 때까지
겨울을 다듬을 줄 아는
나무는 부활을 꿈꾼다
바람이 거셀수록
뿌리는 언 땅을 부여잡고
가지는 바람을 따라 흔들린다

태고太古의 자작나무 껍질에서
천마는 날고 있는데
잎사귀 없는
내 마음 흩날릴 제
봄을 기다리며
홀로 번뜩이는 면도날만큼
가벼워졌네

나이테

말없는 나무도
아우성을 품고 있다
어둠과 빛으로 밀고 당기며
지나온 단단한 속살
톱질한 나무에서
녹슨 고단함을 달래느라
신나게 울려 퍼지는
징소리의 함성을 듣는다

사시사철
밝고 어두웠던 걸음들이
내 몸에도 나이테를 새겼다
지울 수도
다시 그려낼 수도 없는

난로

냉랭한 사무실 공기가
냉정하기에
날씨가 추워지겠다는
일기예보를 듣고
열기가 잘 도는 난로 하나를 샀다
LPG 연료를 태워 사방팔방으로
겨울 향기를 내뿜었다

불을 피워놓으면
차가운 주먹도 펴진다
손바닥을 내밀어 서로서로
가슴이 따뜻해지겠다

내 생일은 2월 30일

처음으로 세상을
바라본 날은
1955년 3월 2일
초라하게 눈뜨고
여기까지 왔구나
가는 길은 구름 속 언제
눈이나 비가 될지 모르는

좁은 여백이라도 있어
그림을 그리고
글을 쓸 수 있다면
내 생일은 1년 365일

나는 생일을 쇠지 않는다
해마다 생일은
달력에도 없다

내일來日

성명 석 자만 덩그러니 남기고
멀리 하늘로 올라간 친구
이제는 잊어야지,
잊어야겠다
그의 고향은 별들이 촘촘히 박혀 있는 곳
타향에서 그렁저렁 살다가
하늘의 별을 이웃하려고
그리도 훌쩍 떠났나
이승에 마지막 속 깊은 호흡
몇 번이나 풀어 놓았을까
뼛속을 비우고 살을 덜어내더니
미끄러지듯 지상을 떠났다
머리를 비우고 양손을 쫙 펴고
이제사 이마의 주름이 펴졌어라
방하착放下着!
나는 그의 빈손에 쥐어줄 맑은
빗자루 하나 찾고 있었다

언제까지나 반짝거릴 저 별!
바다가 서서히 비늘처럼 벗겨진다
별이 되기 위해 하늘을 오르던 자의
슬픔이 쌓여 바다를 이루었다

솜씨도 없이 숨죽여 흔들리고 있을
아직은 희미한 별을 찾아 눈동자를 굴린다
내일은 하늘이 더 밝아지겠다

늦가을 들판

봄부터 숨 가쁘게
자라난 들판
이제사 편안히 호흡을 멈추었다
썰물이 옮겨다 놓은 바다는
젖은 모래알만 뒹굴듯
들판 곳곳마다에
가을을 몰고 가는 바람이
자리를 차지하고
찬서리에 그믐달이 움츠려
소나무 가지에 걸려있구나

빈 들판에 서서 새벽을 기다리자
다시 동이 트고
봄이 오면
가슴 벌려 걸어왔던
자리마다
푸른 싹은 번갈아
돋아나겠지

늦가을에

가을이면 나는
상상의 천장天葬을 치른다
바람도 마다하는
구석진 골목에서
발걸음을 멈추면
창문 앞 감나무 잎사귀
오카리나 선율 따라
가쁜 숨을 쉰다
나무가 토해내는
붉은 울음소리에
나도 따라
저녁놀로 퍼져나간다

싹 돋고 꽃피던
지나버린 시간은 모두가
보석이었다
꽉 쥐고 있던 오른손 바닥
펴보니 노랗다가 빨개지는

가을이 기지개를 켠다
순간, 얼굴이 달아오른다
가을은 그렇게
새봄을 부르며
홍시로 저물어간다
겨울이 오기 전에
천장을 치러야겠다

단풍

열정은
삶의 마지막을
재가 될 때까지
활활
태워버린다

동짓날 자정 무렵

이 밤 차가운 하늘의
달도 별도 지상으로 내려왔다

잠은 오지 않고
생각의 천장에는
넝마주이로 살아내는 노숙인의
부르튼 손이 스쳐 지나고,
어치를 둘러메고도 등이 흔들렸을
먼 옛날 외양간의 암소 한 마리도 스쳐 지나고,

눈은 내려 시방 논 밭 보리를 덮었다
싸늘한 마음에는 이불을 덮어야 하리
이제는 침묵으로 말하리
잠에서 깨어나도 꿈은 꾸어야 하리
눈길을 재촉하는 걸음걸이 바쁘다

노를 저어 강을 건넌 뒤에
지난날을 얘기하자

마른 토끼풀 잎사귀를 보며

바짝 말린 세 잎과 네 잎이 달린 클로버를 코팅하여 건네주기에 고이 받았습니다

이파리들은 같은 줄기에서 나와 서로 제 모습을 드러냅니다

마른 잎이지만 푸른 기상은 지금도 여전합니다

행복과 행운을 빌어주는 기도가 묻어나옵니다

주먹을 불끈 쥐고 하루하루를 버텼습니다

봄 여름 가을 겨울 철마다 복권 한 장씩 구입하였으나

숫자 하나 맞히지 못했습니다

토끼풀은 아무도 돌보지 않는 마른 땅에서 잡초와 싸워 이기며 뿌리를 내리고

잎을 피워 자라기까지 스스로의 행복을, 행운을 기대하지는 않았을 것입니다

비탈길에서 넘어지지 않고 도착한 지금 이 자리가 행복이라는 사실을

발견하기까지는 동백꽃이 피고지고를 반복해야했다

행운이라는 말을 걷어내는 데는 오랜 시간이 걸리지 않았다
지智 덕德 노勞 체體를 떠올리면서다
기울어진 채 돌아가는 지구에 발을 딛고 사는 것이 불안했다
언제 넘어질지 알 수 없는 불안감
막다른 길 위에서도 바르게 서기 위해서는
그때마다 지구가 돌아가는 속력과 기울기를 계산해야 했다
행운은 비록 나를 외면했어도 행복하였노라고,
행복하다고, 행복할 것이라고 마음을 다스린다
말라가는 내 몸도 한때는 행복을 만드는 야생의 토끼풀이었다
사람의 발길에 짓밟혀도 다시 푸르게 고개를 드는 그런 토끼풀!
메마른 갈대가 작은 바람에 흔들리면서도
갈꽃을 피운다

모르는 것과 아는 것

지금 어디쯤
와 있는지 모른다

다만
언제 지구에서 사라지더라도
깨어 있어야 함은
알고 있다

박꽃

햇빛이 시들고 나서야
순결하게 피워내는 꽃
모두가 잠이 든
초가지붕 위에서
하얗게 하얀
달이 빚은 꽃
별과 달이 박힌
밤하늘을 밝힌다

밤새 달과 울다 별과 웃다
날이 새야 잠드는 꽃
까만 이슬을 맞아야
처연히 피워내는 꽃

어둠을 털어내자
은하가 유유히 흐른다
박꽃 핀 초가지붕
하늘보다 밝아라

박 씨, 다시 꽃을 피우다

다시 피어나렵니다
여름날 초저녁 지붕 위에서
어둠을 털어내며
꽃으로 피어났지요
순한 하얀색으로 피어났지요

꽃이 시들어도
별을 품은 달이 되렵니다
다시 열매를 맺으렵니다
초가지붕이 아니어도
잡초 우거진 땅 위에서
아련한 기억으로 다시
꽃 진 자리에 열매를 맺으렵니다
흥부네 박으로 영글어가렵니다
박이 영글 때까지는 초가지붕 같은
잡초를 그냥 그대로 놓아두세요

버려진 양산

한때는 멋 부리며
도로를 누볐을,
걸친 옷 뒤집어쓰고
갈비뼈만 드러낸 채
그늘진 맨땅 위에 펴져 있는
양산

뒷날의
내 모습은 아니라고
말한다

벼랑에서

벼랑에 서 있고 보면
찬란한 햇볕도
추위를 막아주지 않았지
고독이란 말, 사치였어

밤하늘
차가운 별빛 한 줌
웅덩이에 내려앉아
눈빛을 마주하며 위로해 주었어

누구나 혼자는 아니라고

보름달

곡성 섬진강 기차마을에서
기차를 타보면
만나는 사람마다 보름달이다
해바라기처럼 웃는 보름달이다

초하루부터 보름까지는
웃으며 달리고
보름 지나 그믐까지는
날이 갈수록
심장이며 폐가 답답해져
눈물을 훔쳐냈을 것이다

일곱 살 때
추석날 밤
대야에 물을 채워
마당에 내려놓고
물속 보름달을 보았다
달이 웃고 있기에

대야를 방안으로 옮겨놓고서야
웃으며 잠이 들었지

시방도 일곱 살 때의
나를 지우지 못한다

보리

보리밭 위
종달새 지저귀면
보리피리 음률이
공중에
피를 돌게 한다

초봄이 되면
꾹꾹 밟아 주어야
죽도록 푸르게 살아있었다
비바람 몰아치면 차라리
밑동이 꺾일지언정
휘어지지 않았다
절망조차도 차라리 희망!

푸르디푸른 모습을 보면
노랗게 익기 전
보릿고개 간신히 넘어가던
그날이 생각나

보태기

나뭇가지가 찢겨져도
상처는 기어이 아문다
상처가 아문 것은
또 하나의 상처 때문이었다
산속 한 그루 같은 소나무 두 그루는
바람이 거셀수록 뿌리는 더 깊어졌다
봄이면 두 그루의 새싹을 틔울 것이다
양쪽 가지 아래서
그믐달이 어둠을 부수며
힘겹게 어깨를 들어올리고 있었다

너와 내가 어깨를 맞대어 보탤 때
서로 따뜻하다고
소리 없이 외치고 있었다

봄

산이나 강을
몇 개나 넘었을까
겨울 담장은 얼마나 높았을까
아장거리며
다가올 때마다
내 겨울이
아직은 떨고 있다

빨갛고 노랗고 하얗게
네가 터지는 소리를 본다

높다란 전신주에서는
사방에
봄기운을 뿌리는데
길섶 아지랑이 흔들리고
심장 뛰는 봄소리
고요하구나

불꽃

자신을 태우고 나서야
피어나는 꽃
슬픔과 그리움을
타는 불 속에서
꽃으로 피워내자

차디찬 얼음 속에서인들
불꽃 아니 핀 적 있는가
비바람 속에서인들
불꽃 아니 핀 적 있는가

절망은 내려놓고
활화산으로 타오르는
환한 불꽃을 피워내자
서해로!
태평양으로!

영원히 꺼지지 않을,

비운다는 것

방안 천장에 파리 한 마리
무심無心으로 매달려 있다
제 몸무게를 느끼지 못하고
매달린 채 한 시간을 넘겼다

방안에는
나와
파리 한 마리뿐
절대고독
열반
신문지를 몰아 쥐어 패려는 시늉을 해도
날개 하나, 고개 한 번 까딱하지 않는다

세상일에 떠밀리고
휘청거릴 때, 나도
파리처럼 당당할 수 있을지……
양손과 양발에 내 몸무게를 싣고
나도 방바닥에 매달려보았다

마음을 비우니 풍선처럼 가볍다
다행히 지구에서 떨어지지 않았다

사각지대

산을 오르면서
소나무와 마주하는 눈 맞춤

옴살되어 바위옹이로 된 소나무
바위를 뽀개가며 비집고
뿌리를 내렸다

참나무가 낙엽 질 때
아직은 먼
봄을 꿈꾸며 오아시스를 그려냈다

구구단 외운 것조차
허드렛일
너와 나는 둘이 아니라
하나라고 바위가 눈짓해 주었다

사월 팔일

한라산 꼭대기
제 몸 도려내어
공중을 만들었다
(백록담)

공중에 무지개 떠오르면
그곳이 나의 보금자리

연꽃 한 송이 피워내
두 손바닥 펴고
향기에 취하여
단잠을 즐겨야겠다

산

비 내리면 젖어주고
눈 내리면 받아 안으며
바람 불면 흔들려주고
겨울이면 맨몸 수행정진

산속에 숨어 있는
또 다른 나를 찾아
산에 오른다
바람 불어도 흔들리지 않을
나를 앉혀놓고 내려온다

산속 그림자
홀로
심장이 꿈틀거린다

산벚꽃

금산사 가는 길
산모롱이에
듬성듬성 핀 흰 꽃
푸른 솔숲 안
알알이 흰 조각들
청화백자 부서진 파편

백자 속 한 마리 백학
창공을
날고자 하나
갈래로 찢어진 몸
흰 날갯짓 너울너울
공중을 가를
푸른 꿈 한 다발

새벽 기도

어둠이 가시기 전
함초롬히 이슬에 젖은
풀잎
곤한 잠에 빠졌습니다
어둠이 흩어지면
창문이 열리겠지요
교회당 십자가는
새는 날을 위하여
밤새 기도하였습니다
새벽하늘에는 언뜻언뜻 아직
별이 반짝입니다

스러져가는 어둠을 지켜보며
언제까지나 빛날
별 하나를 가리킵니다
두 손을 마주잡고
마음을 모읍니다

북두칠성 옆에서
아스라이 빛나는
작은 별 하나가
나의 구름을 걷어내는
등대가 되게 하소서

새해 첫날에

찌푸리며 살아왔던
부끄런 얼굴을 본다
시간이 지나면 강물은
내 모습을
바다로 싣고 가겠지

바다에 닿으면
수평선 위로 끓어오르는
저 태양을
양손으로 받아 안으리라

생사生死의 인연

돌담 아래,
돌아가는 지구 위
봉분처럼 쌓인 흙더미 속에
뿌리내린 벚나무 한 그루
아래쪽 가지 세 개만이
푸른 잎을 매달고
나머지 줄기와 가지는 바싹 말랐다
마른 가지 끝에 고추잠자리
한 마리 휴식을 즐기고
가지 사이로
푸른 햇살이 내려앉았다

내 몸 식어가니
잉걸불 가슴에 묻은 채
시간을 토닥여왔다

마른 길 위에 서서
겨울 너머의

날갯짓하는 봄을 새긴다
어둠 속에서 빛이
빛 속에서 어둠이
쏟아져내린다
심장이 뛰니
살아야 한다

서우瑞雨*

젖어가는 것은 가엾다고만 여겼다
기상관측 이래 104년 만의 가뭄
어미 되지빠귀*가 새끼들에게 지렁이 대신
곤충을 잡아 먹이고 있다

지렁이가 숨어있던 마른 흙 위로
6월 말일이 되어서야 하염없이
쏟아지는 초록 비
소나무도 벚나무도
너울거리며 웃으며
온몸으로 맞는다

오늘 밤은 하늘이 울고
땅이 웃으며
개구리도 취하여
새까만 어둠을 밤새 씹는다

새봄이 다시 오려나 보다

* 서우瑞雨 : 곡물의 생장을 돕는 고마운 비
* 되지빠귀 : 지빠귀과에 속하며, 크기는 23cm 정도인 새

시계

노란 병아리처럼
엊그제 피어났던 꽃잎이
막 시들어가네

시곗바늘이
거꾸로 돌아가면
다시 새봄을
맞이할 수 있을 텐데

째깍째깍
누구도 극복할 수 없는
소리,
소리들

시낭송 1

마음에 구름이 피어나면
절규하고 싶고
마음에 꽃이 피어나면
시를 읊조리고 싶다
어린이날 고창학원농장 청보리밭 축제장
무대에서 정지용의 「향수」를 울려 퍼뜨렸다

낭송이 끝나자 보리밭은 하얗게
벙글어진 목화밭이 되어 있었다

노래처럼 웅변처럼
또 다른 나를 끄집어내
소리 날려 보내면, 마음은
한 마리 나비 되어 너울너울
다가오는 봄을 향하여
춤을 추었다

시낭송 2

날갯짓이 나비처럼 너울너울
봄바람이었다가도
때로는 태풍을 일으켜라
폭포수 아래서도
목소리를 살려라
빈 방안에 홀로 있어도
웃음을 지어라
비를 맞으며 걷다가
봄날이 주는 그리움에
그리워 하염없이 눈물비를 흘려라
바빠도 아무 생각 없이
한참을 쉬어가라
리듬을 열어 시를 노래하라
세상은 울어도 어루만져
웃도록 하라

저만치에서 눈을 뜨고
귀를 열고 있는 사람을
일으켜 세워라

시쓰기

동지섣달에 진달래꽃을 찾아내는 것
반딧불이 한 마리도 없이 한밤중에
국어사전을 펴놓고 의미를 헤아리는 것
봄에 씨 뿌려도 될 것 같은데 가을에 뿌려
싹이 자란 보리가 강추위를 견디는
파란 의지 같은 것

이런 지난至難한 시간을 견뎌야
한 줄의 글이 또
한 줄의 글이
백지에 졸음으로 앉혀진다

내가 걸었던
길 위의 발자국은
모두가 시였다

신발

출입문을 열고 나갈 때부터
들어와 닫을 때까지
발 한 번 옮길 때마다
저장되어 있을 블랙박스
임무를 마치고 곤한 잠에 빠져 있다

못대가리에 찔리고
깨진 유리에 찢긴
마른 바닥의 질긴 흔적
눈을 크게 뜨면 들려오는
외마디 비명
베이고 찢긴 자국은
밀고 당기며 상처를 지워내려
안간힘을 썼을 것이다

내 발에서
비늘 하나 벗겨져 나가
휴식을 취하고 있다

17일간의 전투를 끝내고

땅거미의 지능지수가 궁금했다
구멍 속은 천막일까 궁전일까
사무실 출입문 밑바닥의 구멍을 방으로 삼고
땅바닥 밑에 집을 지었다, 날마다 한 채씩

나도 살아야 하기에
출근하면 거미집부터 걷어냈다
17일 동안 연속하여……
18일째부터 집 짓는 일을 포기하고
어디로인지 이사를 했다
이 더위에

물러날 때를 알고 물러난
거미의 지혜
지는 것은 곧 이기는 것이거늘
(거미가 이겼다)

거미는 어느 곳에 둥지를 틀었을까
추운 겨울이 아니어서 다행이다

아우성

길을 스쳐지나가던 바람이 물었다
왜 사느냐고,
바람에게 물었다, 나도
왜 떠돌아다니느냐고,
서로 바라만 보며
대답을 하지 못했다

손과 발이 길 위에 흘려놓았던
웃음과 상처를 끌어 모아
키질로 고갱이만 추려내,
더는 손질하지 않아도 될
한 줄의 글을 써야겠다
피골皮骨이 맞닿는 글
허공에다 목소리 울려야겠다

이제 바람에게도 할 일이 생겼다
내지르는 목소리를 5대양 6대주에
파도처럼 실어 나르는

인연이 있어 나에게 다가온 문장
소리 내어 보낸다

안개 속에서

안개 속에서 길을 찾아라
태양이 어깨를 펴고
뜨겁게 춤을 추고 있다
길은 언제나 그대로이다
두 눈에 안테나처럼 돋아나는
날개를 달아라

그리움은 사라지고
한 가닥 희미한 빛이
천지간 어둠을 몰아낼 것이다
가슴에 돋아난 멍이
하나둘 사라지면 그때
아랫목 같은 해를 보리라

희미한 노랫소리가
귀를 열어
나를 일으켜 세운다
안개 속에서도
길은 언제나 길이었다

양파

곡선을 담을지언정
직선은 내팽개쳤다
먹구름이 천둥을 몰고 와
빰따귀를 치는 순간에도
각을 만들지 않았다

모서리를 만나
부딪힐 때면
네 모습을 그려 본다
동그랗게
동그랗게

엄마의 무지개

일곱 살 때
해가 뜨는 날이면
엄마는 호미 들고 밭에 가고
나는 바람과 함께 빈집을 지켰다
비가 오는 날엔 밭에 안 가고
보리개떡을 쪄주었다
무지개떡을 먹고 싶었지만
구경만 했을 뿐

비 그치고 해 뜨면
엄마는 다시 밭에 나가고
나는 집안에 병아리처럼 담겨 있었다
무지개 뜨면
무지개를 향하여 달려보았지만
달린 만큼 멀어져
배만 고파 집으로 돌아와야 했다

팔순을 넘긴 어머니는

내 일곱 살 때처럼
해가 떠도 집에만 있다
오던 비가 그치고 무지개 뜨면
한 마리 나비 되어 이곳저곳
날아나 다녔으면 좋겠다고
나비처럼 훨훨 웃는다

여름 소회

낮에는 동맥이 뛰고
밤에는 정맥이 뛰는
오늘 하루를 고스란히
마음 빈자리에 채운다
모든 순간은
절대고독
뜨겁게 살아야 한다
할!

연리지

뿌리는 달라도
함께 푸르고
함께 겨울을 넘었던 나무는
가지를 맞대어
하나 되었다

흔들리고 부딪히며 생긴
상처 아문 자리에
두 개의 심장에서 보낸
피가 흐른다

둘이 하나 되는 길은
같이 팔을 내밀어
맞대는 것이다

우산

젖어 흔들리는 땅 위에서
화려했던
과거를 털어낸 우산

햇볕과 바람에
몸을 말리고 있었다
찢어지고 부러져
오히려 편안한 우산

폭풍우를 온몸으로 막아냈던
가족의 우산이
호흡을 가다듬어 다시
일어서고 있다

유월의 장미

삶을 부르는 넋이여
피와 살점이 이제사
빛으로 깨어난 넋이여

울타리 너머에
붉은 향기로 깨어나라
어깨를 맞대어
산을 넘고
강을 건너자

일체유심조
— 최치원의 시, 추야우중을 쓰다

한시 한 수
묵향 안에서
태풍에도 견딜
붓글을 써보려고
마음에 들여앉힌 지
20일이 지나서야
화선지에 옮긴 마지막 글자는
마음심心자 하나

남이 나를 알아주면 어떻고
아니 그러면 어쩔 것인가
부질없는 일이라고
마음 고쳐먹으니
편하다

밤하늘
별빛은
어제나 오늘이나
그대로이다

자화상

늦가을 감나무에
까치가 쪼아 먹다 남은
감 하나
매달려 있다
낮 하늘 샛별이던
홍시였는데

감 씨 몇 개
아픈 등뼈처럼
찌푸리고 있다
나는 누구인지 궁금하던 차……
달빛에 비친 그림자
등뼈 몇 개 일그러졌고
살점을 베어
내놓은 기억이 없다

장미

6월이면
울타리를 딛고 오르던
가시 달린 가지는
잊을 수는 없다고
붉은 눈물이
뚝
뚝
뚝

장미꽃

오뉴월이면
빨갛게 물들였다
뜨겁게 안아주라고
하하 웃어보라고
그렇게 하지 않으면
가시가 비수로
변할 수 있다고

줄탁동기啐啄同機

마음이 열려
벚꽃이 피고서야 봄을 부른다
어린 시절
나란히 죽마를 잡아타고
흙냄새 날리며 고샅길 위에
어지러운 빗금을 그어댔지
그 기억들 시계 초침 소리와 함께
콘크리트 바닥 밑에 웅크리고 있다
이젠 죽마고우도 가고 없다
땅 밑에는
발걸음 소리들
겹겹이 쌓여가고 있는데

고샅길 담 밑 푸르렀던
쑥이며 질경이는 어디로 갔을까
뽀개진 틈으로
고개를 내민 쑥부쟁이 하나가
적막과 다투다 고개를 내민다

황홀했던 기억아 이젠
하늘을 향하여
고개를 들자
가슴 벌려
호흡을 새로 하자

진달래

봄이면
이 산 저 산에
불이 붙어요
봄철 쭉쭉 자라나고
초여름을 불러냅니다
불붙은 입술마다
벌 나비를 부르니
봄기운이 저절로 자라납니다

한낮의 숲 속에는
자장가가 울려 퍼지고
꽃들이 지친 몸을 달랩니다

질주

꿈속에서 꿈을 꾼다 한들
지구를 벗어날 수 있으랴
내일을 바라보며
마음껏 달려 보았지만 마지막
머문 자리는 그곳이 그곳이었다

밤이면 별똥별이
지상으로 내리 꽂히는 것을 보았다
차게 우는 겨울밤 어둠이
밀려와도 캄캄하지 않으리

눈을 들어 바라만보아도
손 내밀며 내려오는
푸른 하늘이 있다

징검다리

끊어질 듯 이어지는
징 검 다 리
세찬 물결에도
한 걸음 물러섬이 없다
물살에 징검돌이
이끼 낀 시간을 털어내자
강물에 기댄 별이 되어갔다
차안此岸으로 달려온 두 다리는
무수한 돌다리를 디디며
여기까지 왔노라
가녀린 바람에도 흔들렸던 몸
징검돌로
이곳까지 왔노라

찰나

벗꽃이 벙글어지면
세상 모두가 따라서 웃는다
벗꽃이 다하면
꽃잎 절규에 나뭇가지는
흔들리고

웃다 울다 한세상 접는 것이
벗꽃뿐이랴
학교폭력에 흔들리던
꽃봉오리
아파트에서 벗꽃잎으로
바람에 몸을 맡겼다네

벗꽃잎은
날개를 펼쳐
폭풍우가 없는
하늘로 올랐다네

채석강

파도 소리
뱃고동 소리
햇빛과 눈 비 내리는 소리 쌓여
켜켜이 화석으로 굳은 바위산
밀물과 썰물이 드나들 때마다
한 켜씩 나이테를 만들었다

파도와 파도가 맞서며
영글어 온 바위산
파도 너머 섬과 나눈 얘기
제 몸속에 묻어 놓았다

애태우며 시를 쓰는
내 모습도
화석으로 굳어가고 있는데……

철길에서

낙타는 제 등에
철길을 놓아
오아시스도 지나며
사막을 건넌다

정거장에서
양 바퀴의 간격만큼 벌어져
소실점까지 이어진
거친 땅 위의 문신을 본다

수평의 사다리를
힘겹게 건너며
가끔 멈추어 서 있던
나의 모습을 떠올린다

꿈속에서 꿈을 꾼 듯
두 팔과 두 다리의 힘을 모아
모란을 피워낼 것이다

추락

날개를 차에 부딪혔을까
까마귀 한 마리 갓길에서
퍼득이는 날갯짓으로
아슬아슬하게 차량을 피한다, 순간
동물병원이 생각났지만
내 날개도 염려되어
무심으로 지나쳤다

추락할 것을 알면서도
공중을 맴돌며
세상을 엿보려 했다

작은 날갯짓은 더 이상
공중을 차지하지 못했다

지상이 천국이라는데
무엇을 더 바라는가

태풍이 지나갔다

너는 무모하고 미친 호랑이였다
바다 산 강 마을을
눈 한 번 감지 않고
짙푸른 파도가 되어 바다를 뒤집었다

오래된 편백나무는
새로 움트기 위한 푸른 꿈을 접고
너를 거절하다 편안히 뿌리를 내주었다
톱으로 잘린 등걸에는
감겨진 태엽이
눈물짓다 웃으며 굵은 종소리 되어
사방으로 자유를 찾아 날아갔다

나무가 차지했던 공간을 바라보니
다시 악어 떼로 변할 구름은 호시탐탐
하늘이 땅이 되고 땅이 하늘이 되더라도
낮과 밤으로 햇빛 별빛을 섞어 짰을
지난날을 나뭇등걸에서 읽어낸다

(듣는다, 본다, 생각한다.)

너와 나의 웃음으로
다시 한 번
이 땅 위에 무궁화를 피워내자

터널을 지나며

걸어왔던 길 위에서 길을 본다
노래 부르며 지나왔지
길이 막혀 눈망울만 굴리다가
뒷걸음질도 했고

날마다 뜨고 지는 태양처럼
재미있어도 아파도
같은 길을 지나야만 했다

늦지 않았다
지나온 길
잊어버리고
잃어버리고
가지 않은 길
터벅터벅
속력이 붙어
금방 닿을 것 같다
저만치서 미소 짓는
푸른 하늘로

편백나무 숲길에서

키 큰 나무 아래
내 작은 몸
나무 사이사이로
내리쬐는 햇빛은
내 안의 결석을 부순다
과거를 후려친다
부서진 조각들이 나를 벗어난다

지난날을 뒤로하고
젖은 날개 털며
안개 자욱한 산을 넘는다
쏟아지는 햇빛에
청포도로 알알이 박힌 희망이 있다

편백나무 높이쯤
기대어도 좋을
꿈을 꾸어야 한다

편지

'나는 인간의 생명을 그 수태된 때로부터 더 없이 존중하겠노라.'

지난 6년을 되돌아보며 무거웠을 시간을 너의 오른손 바닥에 올려놓고

히포크라테스 선서하는 것을 지켜보았다

나는 네 벗들의 초롱초롱한 눈망울에서 과거와 미래를 읽어내기에 바빴다

戰術도 아니고

錢術도 아니고

人術도 아니고

仁術만을 생각하며 살아라

걸음걸음마다 지름길은 없단다

다른 사람의 아픔도 네 아픔이다

겨울을 이겨낸 소나무처럼 천천히 서둘러라

어깨 위에 내리는 눈비를 고스란히 껴안을 수 있는 큰 바위가 되어라

차고 어두운 밤하늘에서 찾아낸 너의 별을 훗날에도 잊지 말고 잃어버리지 마라
밤하늘에 아무 불평 없이 별똥별이 스러지는 것을 보았지 않았느냐
힘든 때일수록 미소로 세상의 벽을 조금씩 서서히 넘어보아라, 아들아

* 1연 첫째 줄 ‘ ’안의 내용은 히포크라테스 선서의 내용 중 일부임

표면장력

비가 내리면
온몸으로 또르르
구슬을 담아내던 연잎
바람이 흔들어 줄 때마다
못 속에 구슬을 내려 주었다

내 몸으로 거친 지구표면을
쓸고 닦았다 이제
연잎 같은 땅 위에
살며시 들어앉으면
구슬이 될 수 있을까

세파에 시달리며
땅속에 스미지 못하고
점점 말라가는 물방울이다
나는,

푸른 그림자

지는 해는 그림자를 남기지 않는다
늦가을 단풍든 나뭇잎을 아름답다고 하지 마라
가을이 가면 사그라질 잎 같은 그림자일 뿐이니
할머니는 틀니를
움직여 작복作福작복, 작복작복
북망산에 갈 때까지 지은 복을
모아 두겠다고 씹고 씹는다
눈이 어두워지자 양손으로
더듬더듬 그림자를 그려나간다

얕은 도랑물 주변에서 자라난 나는
고인 물속에서 반달을 보았고 북두칠성을 보았다
겨울이면 도랑물은 무겁게 얼었고 그때마다
반달과 북두칠성을 잃어버렸다
반달과 북두칠성의 그림자가 생각날 때면
손바닥과 발바닥으로 얼음을 녹여냈었다

쥐고 있던 손을 몇 번이나 쪼아댔던가

그림자가 커지려 할 때마다 나를 지우고 또 지우고,

새 봄이면 잡초가 땅을 밀고 올라와 마음 놓고
자라날 한 평의 꽃밭을 일궈야겠다
그 속에서 자라나는 내 푸른 그림자에게 물을 적셔 주어야지
눈보라 긋기를 기다리는 나목이
봄을 기다리듯 서둘지 말아야지
얼음 속에서 찾아냈던 달이 지고 바람 불어도

피서

겨울의 별들은 차가웠어
더위를 피하려는 본능으로
별빛을 노린다

나무 그늘 아래서도
더위를 이기지 못하여
상상만으로 이겨내기로 한다

겨울 밤 별들이 바닷물 속에 쏟아놓은
빛을 캐내어 더운 방안에 들여놓는다

별빛은 증발하지 않으니까

피한避寒

시베리아 찬기운으로
몸을 움츠리는 소한小寒에
칠팔월을 생각하며
마음은 미리
피서를 한다

소가죽 같은
이슬 같은
심장의 박동을 따라
가슴에서 깊게 우는
매미 울음소리
미리 듣는다

겨울 터널은
길었다

해야

내일의 힘찬 날갯짓을 위하여
수면 아래에서 숨을 고르는
너의 요염한 자태!
솟아나라 솟아나라

그림자만 남기고
바닷속에 기울었던 너!
찬란한 빛으로
풀 한 포기 자라게 했고
꽃 한 송이 피워냈던 뜨거움
너만이
만들어냈던 무지개
추억으로 살아있다
비바람 휘몰아쳐도
너와 내가 얽혀
만만세 무궁화를 피워내자

해야!

햇살

잠에서 깨어난 태양의 일렁거림
무지개를 만들었다가 지워보고
지상으로 내려오다 지치면 스스로의
그림자를 만들어 쉬어 갈 줄 아는
빛의 속도

찰나의 순수로
생명을 잉태케 하는 힘을 본다
이글거리다 꺼지고 꺼지려다
되살아나는 불씨
지치지도 않고 여름을 문지르며

어둔 밤이 오는 줄 알지만
햇살 밝은 순간을 놓치지 않고
대낮 향기에 취한다

행복과 불행은 하나다

기억하고 싶지 않은 것을 잊을 수만 있으면
행복이다
오래 기억하고 싶은 순간을 놓아 버릴 수 있는 것도
행복이다
불행했던 순간을 잊을 수 있는 것은
정말로, 행복이다

진흙에 뿌리박고 여름 한철
연꽃을 피워냈던 연잎을 보라
쏟아지는 빗물을 모아 옥구슬을 만들어
때가 되면 주저 없이 놓아주지 않던가

지울 수도 다시
그릴 수도 없는
걸음걸이
행복과 불행이 어우러진
그리운 문신으로 남아있다

행복이란

자동차 사이드미러에는
'사물이 거울에 보이는 것보다 가까이 있습니다' 라고
적혀 있습니다

주저앉으려고 할 때마다
일으켜 세웠던
고결한 웃음
양팔을 뻗지 않고도
언제나 어디서나
붙잡을 수 있습니다

내 거울에는
'마음먹기에 달려 있습니다' 라고
써놓았습니다

시집 발간을 축하하며

깊은 영혼의 샘에서 우러나오는 노진세의 시는 메마른 우리 가슴을 촉촉이 적셔주는 촉매제입니다. 좋은 생각과 깨끗한 마음으로 실상을 진지하게 관조하면서 자신의 삶을 표현하는 모습은 참으로 아름답습니다. 한국감성리더시낭송회와 함께 열정적이고 꾸밈없이 낭송하는 탁월한 감성과 겸손하고 여유 있는 성품은 우리의 영혼을 맑게 합니다.

— 시인 · 시낭송가 이화경(현재 전북대학교평생교육원 감성리더 시낭송지도사반 지도교수, 한국감성리더 시낭송회, 낭송문학연구원 대표)

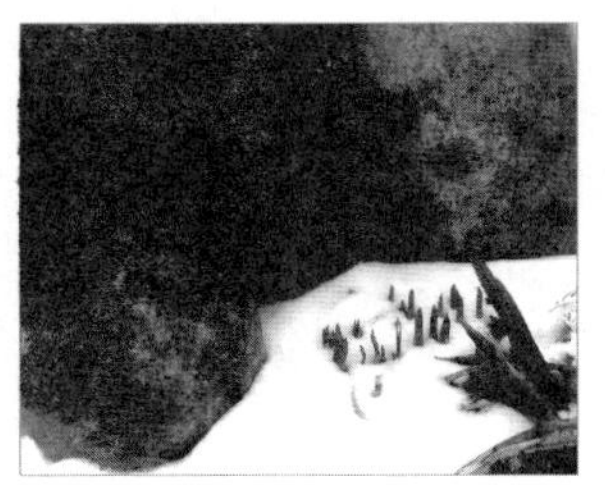

2013. 2. 2. 화단 둘레돌 밑, 얼어버린 흰 눈 속에서 쏙쏙쏙 솟아오른 진한 녹색의 수선화 촉들을 보았다. 3년 동안 시낭송 공부를 함께하면서 노진세의 영혼이 영글어가는 모습이 너무도 장하고 아름다워서, 눈 속에 솟아오른 수선화 촉들을 보는 순간 그를 보는 듯했다. 높이 오르려 하지 않고 바다처럼 넓고 깊어가는 따스한 한 사람을 보았다.

— 시낭송가 윤해준

저자와 함께 있으면 백과사전 한 권 지닌 것 같아서 든든하고, 유기농 채소밭의 푸른 애벌레가 된 것같이 향기로운 사람 노진세의 『꿈꾸는 낮달』이란 첫 시집 출간을 축하합니다. 시집 속의 시 한 편 한 편이 많은 사람들에게 풍성한 감동을 불러일으킬 것입니다.

— 시인 · 시낭송가 고순복

첫 시집 출간을 축하합니다. 노진세는 문학에 대한 풍부한 감성을 바탕으로 평소 시작詩作을 많이 하고 있습니다. 이번 시집 출간을 계기로 앞으로도 사람들의 정서에 도움이 되는 시를 계속 써 주길 부탁합니다.

— 시낭송가 조영민

벗과의 신의가 반백 년 동안 한결같이 이어져왔네.

동병상련同病相憐을 함께하면서 친구가 드디어 세상에 글을 펼쳐 보이는구나. 내 모습도 글 속에 담기는 것만큼이나 반갑네. 시집 출판을 진심으로 축하하면서……

— 저자의 벗 이태종

노진세 시집

꿈꾸는 낮달

초판인쇄 | 2013년 3월 12일
초판발행 | 2013년 3월 15일

지 은 이 | 노 진 세
발 행 인 | 서 정 환
발 행 처 | 신아출판사

출판등록 | 1984년 8월 17일 제28호
주 소 | 전주시 완산구 태평동 251-30
전 화 | Tel. 063-275-4000, 063-252-5633
팩 스 | (063) 274-3131
E-mail | shina321@chol.com
sina321@hanmail.net

값 8,000원

이 도서의 국립중앙도서관 출판시도서목록(CIP)은 e-CIP홈페이지(http://www.nl.go.kr/ecip)와 국가자료공동목록시스템(http://www.nl.go.kr/kolisnet)에서 이용하실 수 있습니다. (CIP제어번호:CIP2013001306)

ISBN 978-89-98524-30-2 03810